世界一わかりやすい
潜在能力の引き出し方で
ビジネスも人生も成功させる
楽しいイメージコントロール

人生を楽に楽しく
生きるヒント満載

爽快モチベーター
宮本晴記

ブックウェイ

はじめに

人は誰でも毎日を気分良く過ごしたいと思っています。

そこで、毎日を爽快に過ごすために、一つ素晴らしい方法があります。

それは、だますことです。

費用もかからず、副作用もない夢のようなうまい話です。

「うまい話には気をつけろ」と世間ではよく言いますが、本当にうまい話です。

かと言って人をだます訳ではありません。

だますのは、あくまでも自分の脳です。

本書はだましのテクニック本としてビジネスに、人生に即役立つ実用本になっています。

特に、脳のだましに重点を置いています。

では何故、自分の脳をだます必要があるのでしょうか。

だました方が、楽で楽しく成功できて、思い通りの人生を歩めるからです。

そのだまし方のテクニックは、本書でわかり易く説明してあります。

この本書を、お読み頂けなければ一生損します。

なぜなら、脳についてこれ程わかり易く、しかも面白おかしく書かれた本は、他にはないからです。


世の中には毎日ニコニコして楽しく過ごしている人がいます。

反対に、いつもブスッとしている人もいます。

原因は、長年の心の状態が、そういう顔にしてしまったのです。

「男は四十歳を過ぎたら、自分の顔に責任を持て」と言ったのはアメリカ元大統領のリンカーンです。

女性だって四十歳ともなれば、顔に生き様が出てくるものです。

すべては、自分自身の心から発せられています。

心ほど大切なものはありません。

私も心の問題で、いつも難儀しています。

辛い時、「心をカチッと機械のように、取り外しができれば、どんなにか楽だろうな」とよく思っていました。

ある日から、心をだませば、取り外す必要がないことに気付きました。

取り外さなくても、心をメンテナンスすればいいのだと気付いたのです。

今迄は、イヤな思いが続いても、脳の性質が分からない為に、どうしていいかも分からなかったのです。

台風が通り過ぎるのを待つように、ジッと耐えていました。

そのメンテナンスが、「脳をだます」作業なのです。

本書を最後迄お読み下されば、よく納得して頂けます。

手始めに、脳の特長について説明します。

脳はイメージと現実の区別ができません。

脳をだませば、体がどう反応するでしょうか。

卑近な例があります。


ナイフでレモンを半分にカットしました。その切り口を舌でなめているシーンを想像してみて下さい。

ツバが出てくるはずです。なめるイメージだけで、口の中が反応します。

その訳は、脳は想像と現実の区別がつかないからです。

なめてもいないのに、脳はなめたと認識してしまうのです。

レモンをなめたのはウソです。

同じ理由で、気分が悪くても、気分いいとウソをつけば、心は良くなります。


自分自身にいいウソをつけば、毎日を気分良く過せるのです。

脳の性質を理解すれば、自分にウソをつくことが、いかに楽で楽しいものかと気付きます。

誰かに迷惑をかける訳でもありません。

一銭もかからず、こんなうまい話はありません。

私の究極の目標は、気分爽快人間を生涯続けることです。

その目標を達成するために、「毎日楽しくてしょうがない」と、自らをだまし続けています。

潜在意識に、いい気分を貯金しているのと同じことです。

貯金は貯まれば貯まるほど、ワクワクしてくるものです。


たとえ現在楽しくなくても、笑顔を作り、「楽しい」と脳をだます訳です。

脳と表情筋はつながっている理由からです。

「嬉しい楽しい」など明るい言葉を使って脳をごまかすのです。

すると脳は錯覚を起こすからです。

笑顔と言葉で何度も繰り返せば、習慣となり、心のメンテナンスが成功したことになります。

気分が悪い時に、誰も特に手当をしようとはしません。

悪い気分が過ぎ去るのを、じっと待ちます。

もし、包丁で指を切れば、血止めをしてばんそうこうを貼る手当をします。

ところが精神面の傷の手当は、どういう訳かやりません。

やらないと言うより、方法が分からないから出来ないのです。

病気になる前に、予防が大切です。

私は、嫌な気分のイヤイヤ虫が、頭に入り込まないよう普段から気を付けています。

その予防策として、理由がなくても、いつも「嬉しい、楽しい、気分爽快」と心の中で呟いています。

食事をする時も同じです。

妻が作った料理が、旨くてもまずくても「旨いなぁ」と、自分をだますことにしています。

まずく感じた時は、「作ってもらえるだけでも有り難い」と思うからです。

もし妻が病気で寝込んでしまったら、作ってもらえません。

そう考えれば、まずくても不快な気分にならずに済みます。

それをもし「このみそ汁薄いなぁ」と口にすれば、後が大変です。妻の反撃開始です。


「濃いければ体に悪いからよ！」

「ダシを入れ忘れたんじゃないの？」

「ちゃんと入れたよ、いちいち細かいこと言わないで！」

「ハイ」


四十年間も一緒に生活していれば、返ってくる言葉は予測できます。

自分をだませば、嫌な会話で不愉快にならずに済むのです。

我慢だとストレスが溜まりますが、我慢せず、だましているので溜まりません。

そもそも幸せとは、自分が幸せと思えばそれが幸せというものです。

逆に、不幸だと思えば不幸というものです。

私は気分をだまし続けるようになって、十年になります。
以前に比べると、気分が悪くなる回数が随分少なくなりました。
以前は、ジェットコースターで急降下するような気分の時が、しょっちゅうありました。

気分を良くするための、だましの効果は抜群です。
体験者が語っていることなので、間違いありません。

自分をだます方法は、次の通りです。

① 笑顔でだます

② 明るい言葉でだます

③ 繰り返してだます

一番目の笑顔については、ふた通りの効用があります。
笑顔を作れば、相手も気分が良くなり、本人もいい気分になるものです。
でも、どちらかと言えば、笑顔の効用は、人のためより自分自身のためのものです。
何故なら、笑顔を作って一番気分いいのは、作った本人だからです。
その証拠として、簡単な実験をしてみましょう。

まずニコッと笑って下さい。貴方の頭は悩みも忘れ、白紙になります。
少なくとも頭の中のスクリーンに、悲しい映像は映し出されていないはずです。
たったこれだけでも、すごい事だと思いませんか。
今後は、眉間にシワを寄せ、口をへの字にして下さい。そのまま十秒待ちます。
すると段々不愉快な気分になってきます。
この理由は、表情筋と脳の回路は密接につながっているからです。
だから笑顔は、心の健康にとって一番大切なものなのです。

笑顔を作ったことで、いい気分と脳がだまされてしまったのです。

二番目の言葉についてですが、昔からよく言われてきた、言霊（ことだま）という言葉があります。

口に出せば実現するという意味です。
何故、口に出せば実現するのでしょうか？
その答えは、脳（心）は言葉によって作られているからです。
言葉によって作られた脳は、体全体に「実現せよ」と指令を出すからです。
つまり積極的な言葉を脳にかけたために脳がだまされたのです。

成功するためには、行動が不可欠です。
その行動に移すためには、考えがないと移れません。
その考えは、言葉で作り上げています。

アメリカの哲学者ウイリアム・ジェームズは、次のように言っています。

「人生はその人の考えた所産である」

分かり易く言えば、人は考えた通りの人生を送っているという意味です。

いかに考え方が大事かということです。


考え方次第で、幸せにも不幸にもなるのです。

その大事な考えを作っているものは、普段私達が使っている言葉です。

人生成功の基礎である考え方は、言葉から出来ています。


日頃使う良い言葉が、何よりも大切です。

「楽しいぃ」と言えば、楽しい気持ちになります。

逆に、「苦しいぃ」と言えば、脳は忠実に指令を出して、苦しい気分にします。

体が反応して息苦しくなってきます。

言葉一つで、私達の脳はすぐにだませるのです。

特に、私達が普段よく口にする「疲れた」というマイナス言葉があります。

今や幼稚園児たちまでが口にしています。

以前、私が三歳の孫と手をつないで、スーパーに買い物に行く途中での出来事です。

孫が、「ちゅかれたぁ」（疲れた）と言った時は、ドキッとしました。

「こんな若い時から疲れてどうするんだ！」と思いました。

「そんな言葉は使わない方がいいよ」と言いたかったのですが、嫌われるところまるので、止めておきました。


言葉に出すことで、身も心も益々疲れさせていることに、気付かねばなりません。

「疲れたぁ」という気持ちと言葉で、マイナスの暗示を自らにかけることになります。

「嫌だ、疲れた、出来ない」などのマイナス言葉は、イヤな気分の心を作ります。

逆に、「嬉しい、楽しい、出来るなどのプラス言葉は、いい気分の心を作ります。

三番目の繰り返しについてですが、習慣は繰り返すことで作られます。

どんなに、いい話を講演会で聴いたとしても、翌日には内容の半分は忘れてしまいます。

一週間で、七十%消え去ります。

三ヶ月も過ぎれば、「それ、なんの話?」で終わりです。

何故でしょうか?

考え方が習慣になっていないからです。

どんなに素晴らしい考え方をしても、習慣にしなければ、意味のないことです。

笑顔と言葉の効用の話を聞き、素直な人は、「よし! やってみよう」と決意はするものです。

そして二、三回は実行します。

しかし、長くは続きません。

笑顔を作る習慣のない人は、顔が引きつり苦労します。

明るい言葉を口にする習慣がない人も、簡単にはいかないものです。

でも、諦めずに何度も繰り返せば大丈夫です。

やがて、無意識のうちに行動するようになります。


笑顔を作れば脳は、「いい気分だ」と錯覚を起こしてくれます。

さらに、「私はできる！　超一流の人間だ！」と明るい言葉で、だましの追い込みにかかります。

この笑顔と言葉を繰り返せば、脳はすっかりだまされるのです。

自分をだまし行動すれば、辛い努力なんて必要ありません。

人生は楽しんでこそ、生きている意味があるというものです。
私達人間は、人生を楽しむために生まれてきたのです。
眉間にシワ寄せて、苦しい努力するなんて、一切不要です
なりたい自分になるために、脳をだまして成功を楽しみながら手に入れて下さい。

読者の皆様に、考え方のヒントを、少しでもお与えできれば幸いです。
本書がキッカケとなり、一人でも多くの方々が、素晴らしい人生の幕開けとなることを心から望んでいます。

爽快モチベーター　宮本晴記

目 次

第1章 人はイメージ通り動く

第2章　潜在意識を活用すれば成功する

第3章

感謝すれば気分爽快になる

第1章

人は
イメージ通り動く

1
脳はご主人様のイメージ通りに体全体へ指令を出す

行動の前に成功をイメージすれば、その通り成功します。

その訳は、ご主人様がイメージしたことを脳は忠実に守り、体全体に指令を出すからです。

本当にそうなのか、実験をしてみましょう。

最初は、何も考えずに立ったまま腰を下げずに、体を前に曲げれば、どこ迄手が届きますか？

その位置を覚えておいて下さい。

今度は、イメージしながら体を曲げれば、どれだけ下るかを見てみましょう。

床に指先がつかなかった人は、床に指がついている状態をイメージして下さい。

目をつぶって、そのイメージしたまま手を下げて下さい。

最初から床まで指先がついた人は、目をつぶって、手のひら全体が床にベタッとついたところを、イメージしながら体を前に曲げて下さい。

どうですか。

ほとんどの人が、イメージ通りになっているはずです。

イメージする前と後では、これだけの差があるのです。

何故こうなるのでしょうか?

答えは簡単です。

脳が体全体に、イメージ通りに「手をつけろ」と指令を出すからです。

では何故指令を出すのかと言えば、それは脳の錯覚に原因があります。

手がつかない人は、つかないと脳が錯覚しています。

手がつかない人でも、ついたイメージをすれば、脳は、手はつくものだと錯覚を起こすからです。

脳は、イメージと現実の区別がつかない性質があるために、こういう現象が起きます。

私たちは普段気づかないものですが、日常生活の多くが錯覚なのです。

もし貴方が重量挙げの選手なら、バーベルが上がったところをイメージしながら、持ち上げることです。

そうすれば、上がります。

「なにくそ！」という意志の力より、イメージの力の方が、よほど優れているからです。

「なにくそ！」の意識では、顕在意識だけで挙げています。

一方のバーベルが上がっているイメージの方は、潜在意識が働きます。

潜在能力は、鮮明なイメージに強力な力を発揮します。

これが潜在意識の特長です。

ビジネスにおいても、これと同じことが言えます。

成功したところをイメージすれば、脳が指令を出すために、成功に向かって歩き出すのです。

イメージすることで、脳は自動的に動き出す特質があるからです。

すべてにおいて、成功する前から、成功をイメージすることが、なによりも大切なのです。

意志の力よりイメージ力の方が勝っているからです。


ビールの製造工場で、スイッチを入れれば、オートメーションの機械は、完成に向かって動き始めます。

このスイッチオンが成功のイメージを描くことなのです。

夢に向かって脳は自動的に動き始めます。

脳は、ご主人様のイメージ通りに指令を体全体に出します。

何事においても、行動と同時に既に達成したイメージを頭に描くことです。

これが脳の特質を生かした成功のコツです。

2 ビジネスの成功は、好きであることと、成功のイメージで決まる

ビジネスの成功の第一条件は何だと思いますか？

それは、「やる気」です。

どんなに優れた能力を持っていても、やる気がなければ、無能と同じことです。

そのやる気を生む原動力が、「好き」であるかどうかなのです。

この「好き」であることが、潜在能力を動かす強力なエネルギーとなるからです。

「好きこそ物の上手なれ」の言葉通りで、成功の絶対条件と言えます。

「好きな仕事でもないのに、嫌だなぁ」と思いながらでは、成果を残せるはずはありません。

論語に「知好楽」という言葉があります。
仕事で言えば、知っているだけでは、仕事を好きな人にはかないません。
好きであっても、楽しんでいる人にはかなわないという意味です。
仕事は楽しむことが一番です。
趣味の延長になるからです。
仕事が好きであれば、楽しむことが出来ます。
嫌々働いているのでは、楽しむことは出来ません。
ビジネスで成功するには、まず好きかどうかが重要なポイントになります。

好きなビジネスを見つければ、次に取り組む作業は、結果の先取りです。
もう既に成功を手に入れたと、脳をだます訳です。
成功を精神的に先に手に入れてしまうのです。
そうすれば、潜在能力は動き始めます。
そして、ワクワク、ウキウキ感をもたらします。

心は快になり、グッドアイデアが生まれやすい状態になります。

ホンダの創業者である本田宗一郎氏は、最初は小さな町工場からスタートしました。

彼はその時から既に、世界のホンダの夢を描いていたのです。

本田氏に限らず、松下幸之助氏しかり、成功者は皆この自分をだませば、うまくいくことを心得ているのです。

世界中に大きな影響を及ぼした心の研究家ジョセフ・マーフィーも、「夢が叶ったところを想像しなさい」と、成功イメージの大切さを説いています。

ビジネスを成功させるには、まず「好きなこと」を見つけ「結果の先取り」をすれば、成功するのです。

すると、こんな声が聞こえてきます。

「あなたは簡単に『好きな仕事を見つけろ』と言うけど、僕には家のローンも三十年も残っているんですよ。今の仕事は好きじゃないけど、辞めるわけにもいかず、そんな人はどうすればいいのですか？」

私は、こう答えます。

「何も辞めなくても、今の仕事を好きになればいいのですよ。たとえば、将来独立の夢を持つなり、仕事をゲーム化したり、好きになる努力をしたらどうですか」と。

私は以前、仕事で大変な思いをしました。

これはその時の話です。

私が四十歳の時、能力開発プログラム販売会社へ就職しました。

当時三十名の社員がいた会社です。

社長は四十六歳で、「男はつらいよ」でお馴染みの佐藤蛾次郎に似ていました。

人は見かけによらないものです。

この社長というのがやり手で、飛ぶ鳥を落とす勢いのあるトップセールスマンでした。

プレゼンテーションの才能は、世界一でした。

何しろ社長が、アポイントを取って出掛ければ、成果なしで帰ってくることはなかったからです。

狙った獲物は逃がさない百発百中でした。

扱っている商品は、テキストとカセットテープで、一セット一二〇万するものです。

但し、社長始め社員たちに商品という概念は一切ありませんでした。

「お客の人生を売っている」という考え方です。

成功のノウハウが一杯詰まった宝物です。

仕事内容は、各会社の経営者をターゲットにしてアポイントを取り付けます。

そして相手先に訪問して、一時間のプレゼンテーションをこなすというものです。

気力、話術、信念の三拍子が揃わないと難しいビジネスです。

逆に言えば、この三つさえ揃えば、こんなに面白く、ワクワクするビジネスはありません。

新入社員の私は、アポイントを取るために、朝から晩まで、電話を掛け続けました。

相手はすべて会社の社長です。

「是非、社長のお耳に入れたい素晴らしい話があるのですが、一度お会いして頂けませんか。〇日の午前と午後ではどちらの方が、ご都合がよろしいでしょうか」

二者択一法で迫ります。

相手にノーを言わせないセールスのプロが使う手です。

電話をかけ続けていたある日のことです。

社員が同じ名簿を使うために、ダブッて掛け、トラブルになったのです。

「〇〇株式会社です」と言った途端に、ガチャンです。話もしないうちに、いきなり切られてしまいました。

なかには「ひつこい！」と怒鳴る社長もいました。

「もう二度と掛けないで下さい」

こうなると、笑顔が消え、声もこわばってきます。

アポイントが取れなくなってしまったのです。

次の日から次第に顔色も悪くなっていきました。

受話器を持つ手が、ブルブルと震えるようになりました。

断られる恐怖で、受話器が持てなくなってしまったのです。

昼の休みには、会社の台所で、しょんぼりと考えました。

「会社辞めたいなぁ、次就職する会社は、電話を掛けなくても済む所へ行こうかな……」

元気のない状態で数日を過ごしました。

それでも潜在能力開発に興味があった私に、淡い光が差し込むようになりました。

ある朝目が覚めると、一気にサーチライトが頭の中で点灯したのです。

「そうだ、社長はトップセールスマンなので社長がプレゼンテーションをすれば、客は必ず落ちる。それなら社長のセールストークを利用すればいいのだ」

私は早速社長に頼んで、カセットテープに一時間のプレゼンテーショントークを吹き込んでもらったのです。

それには値段はもちろんのこと、購入を決断させるクロージングまで入ったものでした。

次に考えたのが、電話の掛け方です。

電話をいくら掛けても、心が傷付くことなくオートメーションの機械のように、掛け続けられる方法を生み出しました。

「客がメリットと感じられる話なら断る人もいないはずだ」と考えたのです。

こうしてデモテープと、送る際のマニュアルが完成しました。

社内会議の結果、全社員たちは、マニュアル通りに営業を展開しようという方針になったのです。

考案したアプローチのトークは次の通りです。

社員 会社発展のアイディアの資料があるのですが無料です。お送りしても宜しいでしょうか。

客 どのようなものですか。

社員 カセットテープなのですが、一部コマーシャルが入っていますので無料です。聴いて頂けますすか。

客 じゃ送って下さい。

百社電話すれば、百社ともOKになります。

それでもなかには、ただほど高いものはないと断る人がいます。

その時は、あっさりと「失礼しました」と言って受話器を置きます。

なかには「そんなことおっしゃらずに」と食い下がる社員がいれば、厳しく指導します。

「断る人には、『失礼します』言ってからすぐに切りなさい」と。

注意しないと、社員にストレスが溜まるだけでなく、関心を示さない相手は、見込み客ではないことがハッキリしているからです。

これで、社員たちのストレスはゼロです。

それどころか、「今日は三十本送れた」と言って、仕事をゲーム化して楽しく仕事に取り組んでいました。

テープ送りの楽しみは、釣り人の心境に浸れることです。

針にエサを付けて、土手に三十本の釣り竿を固定させて、糸を引くのを待つだけです。

後はゆっくりと、ワクワクしながらビールを飲みながら待っていればいいのです。

一週間程してから「テープを聴かせて頂きました。申し込みます」という電話が、次々とかかってくるのです。

たいした苦労もせずに、一二〇万円の商品が飛ぶように売れていきました。

一日のテープ送りのノルマを達成するとカラオケ教室に行く社員もいました。

一日に五十本のテープを送る社員も次々と出てきました。

一日に五十人の社長に、プレゼンテーションをこなしたことになります。

これがもし、アポを取っての訪問販売であれば、一日にせいぜい二社どまりです。

テープ送り戦法になってから、会社の売り上げは飛躍的に伸び始めたのです。

この功績が認められて、私は専務取締役に昇格しました。

月末の夜には、社内のパーティションで仕切った応接室で私と社長は缶ビールで乾杯をしたのです。

そして二人は、ピーナツを摘みながら、将来の夢を語り合いました。


「三年後は、六本木のオフィスに引っ越そうと思ってる」

「えっ、六本木ですか」

「社員も一〇〇名採用して、秘書も雇うつもりだ」

「えっ、社員一〇〇名ですか」

この時私の頭には、六本木の広いオフィスに一〇〇名の社員が一斉に、電話をかけているシーンが浮かんできました。

アルコールのせいもあり、空想が広がっていったのです。

美人秘書を採用したイメージでも、本人がそれでやる気になるなら立派なモチベーションになります。

女性からみれば、「なに鼻の下を伸ばしてるの!」と冷たい視線が飛んできそうですが、実はこれ、大変重要なことなのです。

自分自身を動かす強力なエネルギーになるからです。

馬の鼻先に、人参をぶら下げる様なものです。

好物を目の前にすれば、馬は突っ走ります。

人間も同じで、夢があれば、勝手に突っ走る様になるのです。

その後、会社の売り上げはますます伸びていきました。

プログラム販売代理店は、世界十ヶ国程あったのですが、絶頂期には、売り上げ世界一を達成しました。

ところがその後、日本にバブル経済の崩壊が始まったのです。

各会社は経費削減を余儀なくされました。

昼休みには事務所の電気を消し、ボールペン一本でもケチるようになりました。

当然、各会社の社員教育費も削られます。

我が社はそのあおりをモロに受け、倒産してしまったのです。

会社も泡のごとく消え去りました。

私が五十歳になったばかりの冬の出来事でした。

その後毎日就職活動をするものの、年齢制限で、次々と断られる日々が続きました。

やがて十年の歳月が流れ、六十歳の頃には心の傷も段々と薄れてくるようになりました。

第二の人生の目標を練り直すことにしたのです。

会社経営から、分譲賃貸マンション経営に切り替えることにしました。

同時に、貴重な体験を生かし、若い人たちに成功のコツを伝えていこうと、著書の執筆も目標設定しました。

仕事や精神面だけでなく、家庭面も社会面も、それぞれ目標を立てるようにしたのです。


各目標設定は、次の通りです。

●経済面　分譲賃貸マンションを生涯二十五戸取得
●精神面　著書五十冊執筆
●家庭面　一家和楽
●社会面　住みよい地域

以上の目標を立てて、九年経った現在の結果は次の通りになりました。

●経済面　分譲マンション十一戸取得

●精神面　紙本四冊、電子本四冊執筆、講演のＤＶＤ一作品
電子本の販売合計三〇〇〇冊の実績

●家庭面　夫婦円満
但し、妻から「お父さんは言っていることと、やってる事が時々違う」と言われるために家庭面は少し自信喪失気味

●社会面　会社の行き帰りに、地域のゴミ拾い

一度挫折を味わいましたが、「好きなこと」を伸ばし、「成功のイメージ」を持つことは、第二の人生でも変わりません。

これは成功するための不変の法則だからです。

この二つの法則で、私の人生は思い通りになりました。

ビジネスの成功は、「好き」と「成功のイメージ」で決定づけられます。

好きだから楽しいために、人の何倍も努力します。

さらに成功のイメージで脳がだまされ、潜在意識が自動的に成功に向かって動き出すからです。

3 脳をだます時はイメージを鮮明にする

私は腸が弱いために、三十代の頃には家内からよく小言を言われました。

トイレに一度入れば、三十分は出てこないからです。

長い時は一時間座りっぱなしです。

すると妻の悲痛な叫び声が聞こえてきます。

「早く出てェー」

「ごめん、すぐ出るから」

すぐ出ると言いながら、なかなか出てこないので文句を言うのも当然です。

毎日こんな調子でした。

六十歳になり、脳をだますことを知ってからは、便器に座わると早速脳のだましにかかります。

「ウンちゃん出ておいでェー」と心の中で呼びかけます。
同時に、大腸から直腸へ降りてきて、出口に顔を出しているイメージをします。
するとゆっくり出口に顔を出します。
そこを狙って一気に出口を締めるのです。
それを二、三回繰り返せば、大腸も「スッキリした」と喜んでくれます。
脳がだまされ、大腸に「出せ！」と指令を出すからです。
この体の現象は、レモンをなめるイメージと同じです。
酸っぱいレモンをイメージするだけで、つばが出てくる原理です。
実際になめてもいないのに、脳がだまされて「ツバを出せ」と指令を出します。
脳は現実とイメージの区別がつかないからです。

医学書に毎日五〇〇回トントンと飛び跳ねると腸の刺激になり、整腸効果が期待できると書かれていました。
腸を良くするためなら、藁《わら》をもすがる思いで即実践です。

ところが、最初は五〇〇回どころか一〇〇回も苦しくて出来ませんでしたが、その時「ハッ」と気付きました。

体全体がバスケットのボールになってドリブルをされているイメージをしたのです。

「そうだ！　脳をだませばいいのだ」と。

さらに自分の体が風船になったところを想像したところ、体が軽く感じました。その結果、二〇〇回でも苦痛を感じなく跳べたのです。

医者でもない私が言うのもなんですが、正直言って脳はバカです。

医学博士の藤田紘一郎氏は「脳はバカ・腸はかしこい」という本を出版されていますが、本当にその通りです。

この本を読んで、いかに脳より腸の方がかしこいかが理解できました。

脳をだます時は鮮明にしなければ効果がありません。

ラーメンを食べようと、中華料理店に入ってもメニュー写真がピンボケなら食べたいとは思わないものです
旨そうな厚いチャーシューに、コクのあるスープが鮮明なら食欲をそそります。

脳は鮮明でなければ、興味を示さないものです。

脳をだます時は鮮明にすることです。

そうすれば簡単にだませます。

4 失敗をイメージすれば失敗して、成功をイメージすれば成功する

失敗も成功も、イメージ通りになるものです。
失敗するかも知れない思えば、失敗します。
すべて脳のせいです。
頭に描いた通りに、脳が指令を出すからです。
散髪に行く前に、行きつけの床屋をイメージすれば、足が床屋へ向かいます。
どんなことでも行動に移る前は、頭の中で目標を絵にするものです。
絵にすれば描いた絵に向かって足が動き出します。
成功にしても、絵にしなければ失敗をすることになります。
失敗すれば、こう言います
「あぁ、やっぱりダメだったぁ……」

その言葉が出るのは、やる前から失敗のイメージを頭に描いていたからです。

「ダメかも知れない」と思えば、早めに思考をストップさせることです。

さもないと、脳に失敗の回路が作られ、イメージ通りに失敗してしまいます。

人間は、頭で描いた通りに動く動物だからです。


昼メシは何を食べようかと考えれば、このことがよく分かります。

ランチタイムの前に、「今日は何を食べようかなぁ、久しぶりにトンカツ定食にするか」と決めれば、千切りになったキャベツと揚げたてのトンカツが頭に浮かんでいます。

酢豚ライスをイメージすれば、サンマ定食を注文しません。

サンマ定食は頭の中で絵にしていないからです。

イメージしなければ、行動には移りません。

人は、頭に描いた通りの行動をとるものです。

となれば、行動の前には成功のイメージがいかに大事であるかということになります。

成功者は皆これを実践しています。

だから成功するのです。

優秀なスポーツ選手たちは、イメージトレーニングを怠りません。

水泳選手は泳ぐ前から、最高の泳ぎをイメージします。

一着でゴールして、プールサイドに腕をかけ、笑顔で手を振っているイメージをします。

では何故、一着をイメージすれば一着になる確率が高くなり、「一着は無理かも知れない」と思えば、かんばしくない成績に終わってしまうのでしょうか？

一着をイメージすれば、脳は「全力を出せ！」と体全体に指令を出すからです。

反対に「一着は無理」と思えば、手足にほどほどの指令しか出さないためです。

かつてゴルフ界で大活躍した、ジャック・ニクラウスは、実際にボールを打つ前に、ボールが転がってホールインするまでを、頭で描けたといわれています。

彼は、イメージトレーニングする時は、「映画を観に行く」と表現しました。

頭の中で、鮮明に絵にしていたのです。

目的地が初めての所であれば、車のカーナビに、目的地の住所を入力します。

そうすれば、行こうとする所へ正確に着くことが出来ます。

カーナビへの入力作業と同じように頭の中へ、目標を鮮明に入力すれば、成功へ向かって走り出すわけです。

成功する理屈はすべて同じです。


スポーツの世界では、イメージトレーニングが盛んですが、何もスポーツに限ったことではありません。

普段の生活に、イメージトレーニングを取り入れて幸せを作り出せばいいのです。

幸福になりたいのなら、幸せになった姿をイメージすることです。

夢、恋人、大邸宅等々いくらでも、その気になれば描けます。

自分にとって好きなことであれば、楽しいものです。

ビジネスで成功したいのなら、秘書を伴ってリムジンに乗り込む姿を想像しただけでもいい気分になります。

貴方が高校生なら、目標とする大学があれば、実際に大学のキャンパスを歩いてみることです。

合格のイメージが鮮明になります。

合格後の楽しい学生生活を思い描けば、俄然やる気が出ます。

私が高校三年生の時は、姫路の自宅でいつも楽しい想像をしていました。

その空想はこういうものです。

東洋大学に受かり、蔦《つた》が絡《から》まった図書館の前で、女子大生と楽しそうに話をしている姿です。

顔がニヤけて頭の中はパラダイス状態になり、楽しく勉強したことを覚えています。

その訳は、脳が「絶対合格せよ、そのためにはもっともっと勉強しろ！」と指令が来るようになったからです。


左脳は言葉などの分野で働き、右脳はイメージの分野で働きます。

言葉で左脳を鍛え、イメージトレーニングで右脳を鍛えれば、両方のバランスがとれて丁度いいのです。

そうすれば、ハイビジョンＴＶを観ているようないいイメージが描けるようになります。

ピンボケでは、「どうしても達成したい」という意欲は湧かないものです。

手慣れた下着泥棒は、盗みに入る前には、入念にイメージトレーニングをします。庭に忍び込み、ベランダに干してある下着をポケットに入れる迄の一連の動作を思い浮かべます。

人は、良くも悪くもイメージ通りの行動をとるものです。

失敗をイメージすれば失敗して、成功をイメージすれば成功します。
人間は、感情の動物であると同時にイメージ通りに動く動物でもあるのです。

5

目標は大小二つにして、精神的に先に手にすれば入る

成りたいものや欲しいものがある場合に、最初にやるべきことがあります。

それは、願いが既に成就して、喜んでいるイメージです。

そうすれば、ずっと早く、しかも楽に達成できます。

達成できるように、脳が働いてくれるからです。

高級スポーツカーのフェラーリが欲しいと思えば、彼女を乗せて、ハイウェイを走っている光景をイメージすることです。

頭の中では、フェラーリといい気分が結びついています。

街を歩いていても、テレビを観ていても常にフェラーリと結びつけるようになります。

その結果、思ってもいなかった話が舞い込むものです。

車の話を友達にしたところ、その友達の友達から、「五十万で譲ってあげるよ」と言ってきたりするものです。

脳は常に、頭に描いた通りに働いてくれます。

強くイメージすることで、頭にアンテナが立ちます。そして興味のある情報だけをキャッチしてくれるからです。

私の著書は、今回で四作目ですが、毎回執筆している時は、ベストセラーになった想像をしています。

潜在意識はウソと真実の区別がつかないので、そこを利用しています。

梅干しをまるごとほおばった想像をすれば、食べてもいないのにツバが出てきます。

ウソでも脳が反応して「ツバを出せ」と、体に指令を出します。

私の著書の販売目標は一〇〇万冊ですが、達成した想像をして、いつも自分にウソをついています。

新聞広告に、写真入りで掲載されている紙面が浮かんできます。

想像した結果、現実に体が反応してくるものです。

ベストセラーを想像するだけで、ワクワクしてきます。

何事も行動を起こす前には、精神的に先に得ることが大切であり、自分自身をうまく動かすコツです。

あれこれ想像していると、楽しくて仕方なくなってきます。

これは脳にとっては大変なごちそうです。

それによって書くピッチも早まるというものです。

「とらぬ狸の皮算用」です。

狸を捕らえる前から、「この皮いくらで売れるかな」とワクワクしながら計算すれば、楽しくて仕方ありません。

これは、人をやる気にさせる最も安上がりで効果的な方法です。

ベストセラーになり印税が入れば、「海の見える湘南に別荘を建てよう。

サザンの『チャコの海岸物語』などを聴きながら、ペンを走らせれば最高だなぁ」と楽しいイメージは膨れ上がる一方です。

この夢心地の想像が、自らを動かす原動力になるのです。

いつも爽快に過ごしたければ、夢見る人になることです。

夢とは、「自分にとって大好きなこと」を見つけ出して、作り上げるものです。

好きなことがあるから、夢を持てるのではなく、夢を持とうとするから好きなことが見つかるのです。


私が六十歳頃のことです。

歳をとるにつれて体力の衰えとともに、気力も段々となくなってきました。

ある日、自宅の庭でぼんやり考えたのです。

「定年後は毎日どうやって時間をつぶせばいいのだろう……」

そんなある日のことでした。

ジョセフ・マーフィーが書いた本を読んでいると、一文に目がとまりました。

「成功するためには、成功したところをイメージしなさい」

この時、ハッと気付き、さらに考え込みました。

「成功したところをイメージするといっても、僕には特に趣味がないけど、あえて好きなことと言えば書くことと、大勢の前で話すことだなぁ……、いつもワクワクしていたから、そうだ！　僕もマーフィーのような著述家・講演家になろう」

こうして、自分を見つめ直した結果、著述家として成功を収める夢を持つことができました。

これも、夢を持とうとしたから生き甲斐を発見できたのです。

夢を持てば、精神状態を良好に保てます。

精神が良くなれば、当然体の調子も良くなっていき、いい事ずくめです。

頑固な肩こりもどこかへ行ってしまいます。

何事においても、想像の力を借りて、心を〝快〟の状態にすることが重要です。

そうすれば、やる気も起きて、グッドアイデアも生まれるようになります。

仮に、夢が叶わなかったとしても、楽しい想像によって得られる利益は、計り知れません。

心身共に健康になっていることに気付くはずです。

夢が見つかれば、次に目標の立て方について説明します。

目標を立てる時は、夢の目標と現実の目標の二つが不可欠です。

夢の目標とは、「こうなったらいいなぁ」という目標です。

現実の目標とは、頑張れば、実現可能な目標です。

大きな目標は、心が〝快〟になることで、脳が錯覚を起こします。

その結果、潜在能力が動き出します。

小さな現実的な目標だけでは、潜在能力も動かず、自分自身を動かす強力なエネルギーにはならないものです。

大小二つの目標を掲げることがどうしても必要となります。

大きな夢の目標が一つだけでも、いただけません。

ダメな場合は、「あぁやっぱりダメだった」とこれでおしまいです。
もう二度と挑戦しようとはしません。
小さな目標を達成すれば、「やれば出来る」と、自信がついて次につながります。
目標は〝夢〟と〝現実〟の大小二つは同時に立てるべきです。
〝夢〟が第一目標で、〝現実〟が第二目標です。
自分の心が傷ついても、すぐ回復できるように保険をかけるのです。
受験生がすべり止めに、もう一校受けるようなものです。

二つの目標を立てることの重要性を、私の体験からお話します。
私は、モチベーションに関する本を生涯で五十冊書き上げる目標を立てています。
夢の販売部数は一〇〇万冊であっても、今迄の実際の販売実績は三〇〇〇冊です。

それでもめげずに挑戦する意欲があるのには訳があります。

第一目標は一〇〇万冊でも、第二目標は五〇〇〇冊です。

頑張れば、不可能な数字ではないからです。

これは脳をごまかした方法です。

第一目標で夢ごこちの気分を味わって、第二目標で、落ち込むことなく、プチ喜びを味わおうという魂胆です。

両方のいいとこ取りをするわけです。

夫婦においても、二人のいいとこ取りして生まれた子供は将来成功を収めるものです。


目標を二つ立てれば、成果を精神的に先に得てしまうことです。

そうすれば、潜在意識の奥底で眠っているタービンがフル回転し始めます。

立てた目標が原動力となり、現実のものとなります。

6 想像力を働かせば、ビジネスも人生も全てうまくいく

何をするにも想像力です。

ビジネスや人生にかかわらず、想像の力が大きくものをいいます。

想像力があれば、ビジネスで成功し、人生においても楽しく毎日を過ごすことができます。

「大切なのは、知識よりも想像力だ」

これは物理学者のアルバート・アインシュタインの言葉です。

知識は、パソコン一台あればどんどん入ってきます。

知識は勉強すれば得られますが、想像力は勉強プラスひらめきが必要です。

あるものと、あるものを結び付ける能力が必要となります。

それには、いい気分状態にしなければ、いい発想も浮かびません。

気持ちが沈んでいては、何も浮かばないものです。

浮かぶのは、ゴミ置き場のゴミぐらいです。

モチベーションを上げるには何と言っても、「こうなったらいいなぁ」という楽しい想像です。

私が初版本に取り組んだ頃の話です。

モチベーションの本を出版しようと決意してから一週間後には、出版後の楽しい想像をしていました。

ベストセラーになり、マスコミ各社から追っかけ廻されているところをです。

他人の実用書に、本のタイトルである「爽快イメージ成功法」のカバーを貼り付け、実物の本とそっくり同じようにしました。

本の表紙を飾る顔写真まで貼り付けたのです。

その時の気分は、もう既に出版済みです。

ここまでやれば、脳は完璧に錯覚を起こします。

いい気分になるのは、この錯覚からきています。

いい気分になれば、モチベーションは上がる一方となり、書くピッチも早まります。

実際に出版した時の喜びと大差ありません。

出版もしていないし、原稿も書いてないのに満足感が得られるのは脳をだましている証拠です。

その時に出来上がっていたのは、本のタイトルと話の骨組みだけです。

書き終ってもいないうちから、完成本ができ上がった想像をすれば、脇目も振らずに、机の上に向かうことになります。

だから早く完成できるわけです。

二ヶ月で書き上げました。

本を書く時は、いつもこの手法を使っています。

ダミー本を居間に飾り、毎朝眺めます。

こうすれば「早く書き上げよう」と脳がフル回転し始めます。

なんの苦労も努力も必要ありません。

楽しいから書いているだけのことです。

ダミー本を見るたびに「これがベストセラーの本なのか」と一人で呟いています。

こういう自己暗示をかけているのには訳があります。

自分自身をワクワクさせて、気分を〝快〟の状態にしなければ、いい文章を書けないからです。

心に雲がかかっていては、いいアイデアも生まれる訳がありません。

心を快にして想像力を発揮すれば、いいアイディアも湧水のごとく湧いてきます。

その快の状態にするために、楽しい想像が必要なのです。

想像力をフル回転させれば、苦しみを楽しみに変えることだって出来ます。

ピンクの子豚を想像してみて下さい。

頭の中では、肌色の子豚からピンク色の子豚に映像が切り替わります。

次に、イエローを想像して下さい。

「可愛いなぁ、飼ってみたいなぁ」と、幸せな気分になれます。

ところが、フンまみれの大人の豚を想像すれば、顔は微妙にゆがんで、嫌な気分になるものです。

この様に、想像するだけで気分は自由自在です。

イメージ次第で気分はどうにでもなるのです。

イライラした時は、深呼吸しながら楽しい想像をすることです。

赤ちゃんは切り替えの達人です。

今、泣いていたかと思えば、「ベロベロ、バー」でケラケラ笑い出します。

この「ベロベロ、バー」の代わりが想像力です。

創造力は魔法の力ともいえます。

文明がここまで発展したのも、すべて人間の想像力のお陰です。

想像力を働かせば、ビジネスも人生も全てがうまく回転を始めるのです。

7 プラスに考えるイメージを持てば、ストレスは寄りつかなくなる

人の健康は、イメージの良し悪しに大きく左右されます。
精神と肉体は直結しているからです。
そのいい例が、私のサラリーマン時代の出来事です。
当時、読売新聞社系列の広告会社で求人広告を担当していました。
クライアントから依頼された求人募集広告を作成し、新聞社へ原稿を送る仕事です。
ある朝、依頼された求人広告を、新聞の広告欄でチェックしていた時のことです。
一瞬血の気が引きました。
年齢三十際迄と書いたはずが、二十歳迄になっていたのです。

「あっ、違っている、わぁどうしょう、うるさい客だからなぁ、とりあえず上司に謝って出し直さなきゃ」

段々と気が滅入ってくると同時に、しもの方がもよおしてきたのです。

腸が即座に反応しました。

私は、ゲーリー・クーパー（俳優）になってしまったのです。

世間では心配ごとがあると「胃が痛くなる」とよく言いますが、体は心の変化に即影響を及ぼします。

それゆえに、日頃からいいイメージを持つことが、体の健康につながる訳です。

体の健康にとっても、心の健康にとっても、いいイメージは大変大事なことなのです。

病気のほとんどが、ストレスが原因です。

いいイメージを持てば、ストレスを寄せつけない予防策になります。

かと言って、ストレスはなくなるものでもありませんが、小さくすることは出来ます。

それには、物事をすべてプラスに考える癖をつけることです。

雨が降れば気分も落ち込むものです。

「雨が降って嫌だなぁ」と頭に浮かんでくれば、「これでほこりが立たなくて、良かった」と即座に切り替えることです。

こうすれば、ストレスも感じません。

物事をプラスに考えるイメージを心掛けさえすれば、心身共に健康でいられるのです。

ストレスも寄りつかなくなります。

8

意志の力より イメージの力の方が強力

意志の力とイメージの力が勝負すれば、どちらに軍配が上るでしょうか?

ヒントは、考えを頭の中で映像化できるか否かの差です。

当然、イメージの方が勝ちます。

そのいい例があります。


会社員の山下君は二十五歳の独身です。

仕事帰りに、同僚の田中君と新橋にある焼き鳥屋で一杯飲むことになりました。

二人はカウンター席に腰かけ、ビールを注文すると、田中君はタバコを取り出したのです。

それを見た山下君は言いました。

「一本くれる？」

「おまえ、タバコを止めたと言ってたじゃないか」

「言ったよ、明日から止めるつもりだ」

「よく言うよ」

よくある光景です。

山下君は、「毎朝咳き込むことが多いので、もう吸わない！」と意志の力だけで止めようとしたのです。

想像の力を借りようとはしていませんでした。

想像のない意志なんてもろいものです。

すぐ崩れてしまいます。

タバコを止めるには、想像力を活用すべきだったのです。

より効果的なのは、恐い想像です。

恐怖の想像を用いれば、一発で止められます。

私は三十五歳の時に、止めようと決意しました。

その時は次のような想像をしたのです。

ヘビースモーカーの歯の裏がヤニで黒くなるように、肺が真黒になっているイメージです。

さらに、肺ガン手術を受けているシーンを想像したところ、たちまち恐くなり止めることが出来ました。


アルコールもそうです。

以前は、ウィスキーのオンザロックを毎晩三杯を日課にして楽しんでいました。

ある日、新聞を読んでいるとアルコールの特集が載っていました。

アルコールを飲んですぐに顔に出る人は、食道ガンになるリスクが高いと、でていたのです。

それを読んで、ドキッとしました。

なにしろ、ビールのコップ一杯で顔が真っ赤になっていたからです。

そんな折、桑田佳祐さんが食道ガンの手術を受けるとニュースで知り、「もう飲むのは止めよう」と決心したのです。

そこで早速恐怖のイメージを実践しました。

食道ガンで入院し、体にメスが入る手術の場面を想像したのです。

すると、二、三日で止められました。

暗い想像をすれば、次々と嫌なイメージが浮かんでくるものです。

「手術となると、会社もしばらくの間休むことになるなぁ、家族も心配するだろうなぁ、声が出なくなったら仕事も出来なくなるかも知れないし……」

このようなことが頭に浮かび、止めることができました。

映像化すると強烈に頭に残るものです。

しかも、恐ろしい映像ほどいつ迄も残ります。

楽しい思い出よりも、嫌な思い出の方が長い期間にわたって残るのと同じです。

飲みたくなっても、嫌なイメージがブレーキ役を果たしてくれるわけです。

何事においても、意志だけの力に頼ろうとせずに、想像の力を活用すべきなのです。

そうすれば、わりと簡単に克服できます。

9 記憶が弱いのは関連づけて想像していないことが原因

私の子供の頃は、記憶力が悪くて苦労したものです。もの覚えが悪く、「まる暗記をしょう」という意識しかありませんでした。子供なので、どうすれば、もの覚えが良くなるかが分からなかったのです。六十歳になり、脳のことを勉強し始めるようになって、やっと原因が分かりました。

「想像の力を活用しないために、覚えられなかった」と気づいたのです。中学生では、「いい国（一一九二）作ろう鎌倉幕府」と関連づけて覚えたはずなのにすっかり忘れていました。

物を覚える時は、絶対に忘れない身近なものに結びつければ、忘れることはありません。

私もたくさんの買い物をする時は、以前だといちいちメモしていましたが、今は不要です。

頭にメモします。

例えば、糸式ようじ、ハンカチ、ボールペンなどと買う品が多くあっても、想像の力を借りるようにしています。

欲しい物を、まず頭の中で絵にします。

それらを、行きつけの店と結びつけをします。

行きつけた所なら、イメージをはっきりさせられます。

店のドアと糸式ようじを結びつけ、次はハンカチと言ったぐあいに関連づけをします。

これで買い漏れすることはありません。

私に講演の依頼があれば、リハーサルをしても、以前は話す内容を途中で忘れていました。

以前、話している最中に四歳の孫が会場に入って来た時は、記憶が飛んでしまって今なんの話をしていたのか分からず、次の言葉が見つかりませんでした。「えーなんの話?」と言って笑ってごまかしたことがあります。

結びつけたものを思い出し「あっ、そうそう」と、事なきを得ました。

その時は、怪我の功名で会場は笑い声に包まれましたが、次にまた同じことをすれば、しらけるだけです。

今は、関連づけて想像しているために一時間以上でも続けられます。

例えば、「世界三大宗教の現状」という話の場合は、次の様に結びつけをします。

話のストーリーの要所要所を、最初は自分の体と関連づけます。

それが終われば次は、会社へ行くまでの目にするものと結びつけます。

毎日通勤しているので、目にするものをはっきり思い出せるために、楽に結びつけられます。

一番目 親指は、三本のつまようじが親指に突き刺さっているイメージで世界三大宗教の話。

二番目 人差し指は、ピストルの弾が人差し指の先から飛び出したイメージで紛争の話。

三番目 中指は、黒い旗を中指に巻きつけたイメージで、イスラム国の話。

このような調子で、小指まで進むと、次に頭の上から足のつま先までの各部位と結びつけます。

それが終われば自宅から会社へ行くまでの目にするものと結びつけて覚えます

こうすれば、話の途中で忘れる心配もありません。

もしも貴方が「記憶力が弱い」と思っているならば、それは錯覚です。

弱いのではなく、関連づけて想像していないことが原因です。

想像の力を借れば、楽で楽しく覚えられるのです。

第2章

潜在意識を活用すれば成功する

1 潜在意識の特長を活用すれば楽な生き方ができる

脳には二つの意識があります。
表に出ている顕在意識と、隠れた潜在意識があります。
海上に浮かぶ氷山の一角を想像して下さい。
海上に浮かぶ氷が顕在意識です。
海の下に隠れて見えない部分が潜在意識です。
この見えない部分が、とてつもなく大きいのです。
さらに分かり易く説明するために、ラブストーリーで見てみましょう。

ある夏の日の出来事です。
湘南の海に向かって、真っ赤なポルシェを走らせる一組のカップルがいました。

柳沢慎吾によく似た高橋君は彼女を助手席に乗せ、気分はノリノリです。

その彼女はグラビアアイドルの壇蜜にそっくりです。

車内は、サザンオールスターズの「チャコの海岸物語」の曲が流れています。

運転中、彼の頭の中は、海で泳ぐプロポーション抜群の彼女の水着姿を想像してウキウキしています。


彼女の水着姿で泳ぐ姿を意識しているのが顕在意識です。

運転中に、彼女に気を取られていても、無意識にハンドル操作をしています。

運転している時の無意識が潜在意識です。

隠れた潜在意識が働いているお陰で安全に運転ができるのです。


パソコンのキーボードを、マシンガンの弾のような勢いで打つ人がいます。

もし顕在意識だけでは、こんなに早く打てる訳がありません。

時には、会社の同僚から話かけられてもスピードも落とさず打っています。

潜在意識のなせるわざです。

次に、それぞれの特長について説明します。

表面に出ている顕在意識は、善悪の区別がつきます。

ウソと真実をハッキリ見分けます。

ところが、もう一方の潜在意識は、まったく逆です。

善悪の区別がつきません。

善悪の区別がつかないために、ご主人様が「気持ちいい事をしたい」と思えば、潜在意識は「どうぞ」と言ってきます。

「マリファナでもなんでも気持ちいい事は、どんどんやんなさい」と勧めてきます。

潜在意識にとって、ご主人様の体が良くなろうと、悪くなろうと、知った事ではありません。

若い女性が、甘いものが食べたいと思えば「ケーキを三個でも四個でも好きなだけ食べていいのよ」と優しくささやいてきます。

潜在意識にとっては、彼女が太っても、「私の知ったことではないですから」と、冷たいものです。

他にも、こんな例があります。

小雨降る日曜日の出来事です。

若い新婚カップルは、焼き肉を食べに行くことになり焼き肉店へ入りました。

店員は、「お待たせしました」と言いながら旨そうな焼き肉をテーブルの上に並べました。

実は、この焼き肉には大腸菌O一五七が入っていたのです。

この時、それぞれ口に入れても、潜在意識は危険なことを教えてくれません。

その点、腸の方が親切です。

腸は二人の腹を痛くして危険を知らせてくれます。

でも潜在意識は知らんぷりです。

「旨い旨い」と脳は大喜びしています。

また潜在意識は、ウソと現実の区別がつかないので、レモンをなめたところを想像しただけでもツバが出てきます。

レモンをなめたのはウソです。

ウソでも潜在意識はなめたと認識してしまうからです。

イメージしたことを、そのまま忠実に現実のこととして受け入れてくれるのが潜在意識です。

素直で馬鹿であっても、とてつもなく大きな力を持っているのが潜在意識なのです。

潜在意識の特質が理解できれば、気分の対処法がわかります。

現在気分が良くなかったとしても、「気分いい、気分いい」と思い、口にも出していれば、潜在意識はそのまま受け入れて、いい気分にしてくれる訳です。

潜在意識の特長を活用すれば、楽な生き方ができるのです。

2 好きなことであれば、心が快になり、潜在意識が力を発揮する

「好きこそ物の上手なれ」で、好きなことに多くの時間を費やすべきです。

嫌いなことには目もくれないことです。

好きでもないことをしている時は、ストレスが溜まるだけで、心も体も悪くなるばかりです。

百害あって一利ありの程度です。

貴方に「好きなことや得意なこと」があれば、好き、得意という時点でそれは貴方の才能です。

人間は好きなことをするのが一番です。

世間では、子供が選んだ好きな職業に反対する親がいます。

ある家族に、大学卒業後も就職活動をしない息子がいました。

息子は、父親に向かって「お父さん、僕は小説家になるつもりだ」と言ってくれば、大抵の父親は「ちょっと待ちなさい！」と言うでしょう。

厳しい世界とわかっての反対なので理解できます。

しかし、好きであることや得意なことは生まれもった才能に他なりません。

大きく伸びたいと言っている木の芽を摘み取り、盆栽にしてしまっては可哀想です。

子供の無限の潜在能力を理解する必要があります。


これは、私の親しい友人の家族の物語です。

一人息子の誠君は、子供の頃から勉強が大嫌いでした。

毎日学校から帰ると、宿題もせずに、カバンを放り投げ、遊びに出かけていました。

勉強は嫌いだけど、学校は大好きという少し変わった子供でした。

サッカーが大好きで、毎日ボールを追いかけていました。

高校三年の春、「将来はスポーツに携わる仕事がしたいので、スポーツトレーナーの専門学校へ行きたい」と言い出したのです。

その時、父親は反対しました。

「就職の時に苦労するから、四年制の大学で経済学部に入った方がいい」と大学を勧めたのです。

夫婦で話し合った結果、「好きなようにさせよう」という結論になりました。

その後、誠君は専門学校卒業後は、スポーツトレーナーの仕事に就いたのです。

子供の頃、あれほど嫌いだった勉強も、スポーツに関する勉強なら興味があったのです。

スポーツに関する医学や栄養学などの猛勉強を始めました。

そして早稲田大学の大学院スポーツ学部にみごと合格しました。

卒業後は、上場企業のスポーツ関連企業へ就職し、三十五歳という若さで執行役員にまで上り詰めました。

好きなことであれば、放っておいても自発的に勉強するものです。

人は誰でも好きなことに取り組む時は、心が快になります。

この快の状態にすることが大事なのです。

この時、潜在能力が動き出し、思ってもいないような力を発揮するものです。

記憶力にしてもそうです。

世間では「俺は記憶力がいい方だ」とか「悪い方だ」などとよく言います。

そもそも記憶力がいいとか悪いとかは、「好き」か「嫌い」で決まるものです。

プロ野球が大好きなら、開幕はどこで、どこのチームと試合するのかと一回聞けば忘れません。

ところが、野球に全く興味がなければ、その情報は頭に入ろうともしません。

覚える必要性がないので脳が働かないからです。

好きなことに取り組んで、伸ばせば大成功する可能性があるのです。

そうしなければ、宝の持ち腐れとなり、もったいない限りです。

好きなことであれば、心が快になり、潜在能力が力を発揮するものです。

3 自分自身に対する謙遜は美徳ではなく美損

日本人は謙そんを美徳とする文化があります。
それはそれで良いことですが、問題点もあります。
お菓子をプレゼントする時は、「これ、つまらないものですが」と言って渡します。
お茶をプレゼントする時は、「これ、粗茶ですが」と言って渡します。
よく考えれば、つまらないものをプレゼントするほど失礼なことはありません。
粗茶とは粗末な茶と書きます。
粗末な茶を人にあげるのも、これまた失礼なことです。
私がお菓子を渡す時は、「これおいしいですよ」と言って渡します。

お茶をプレゼントする時は、「これ高級煎茶なのでおいしいですよ」と言って渡します。

私が講演する時は、いつも最初に発する言葉があります。

「これから一億円の値打ちのある話をします」と言ってから本題に入っていきます。

この言葉で聴衆者は、「何を話すのか」と興味を持って聴いてもらえるからです。

よく結婚式などで、耳にする言葉があります。

司会者　それでは、新郎のお父様にご挨拶をお願いします。

父親　えー、私のつたない話でございますが一言お話しさせて頂きます。

この言葉で、聴いている方はいっぺんに気分がなえてきます。

「つたない話なら、止めて下さい」と言いたくなります。

自分を卑下すれば、その通りつまらない話になってしまうのです。

そうさせるのが、脳の性質だからです。


これは、平成三十年の冬場所で初優勝した力士の話です。

外国人力士の栃ノ心が力士になり、十年近くになって初優勝しました。

その優勝インタビューでのことです。


「大変嬉しいです。親方のお陰です」と感謝をしていました。

さわやかな笑顔での受け答えは好感が持てました。

おやっと思ったのは、その後の言葉です。

「力士になって、今迄一度も優勝を考えたことがありませんでした」

この言葉を聞いて妙に納得しました。

「だから、実力がありながら優勝する迄に時間がかかったのは、これが原因だったのか……」

彼の言葉は、自分自身に対して謙虚な姿勢です。

好感が持てますが、本人が一番損するのです。

「優勝を考えたことがない」とは、潜在能力を全く働かせていない事になります。

彼は、「潜在能力を一度も使っていませんでした」と言っているのと同じことです。

人間なら誰でも持っている潜在能力を使わないなんて、もったいない事です。

宝の持ち腐れです。

もちろん謙虚な言葉や姿勢は大切です。

でも気をつけなければいけないのは、本人の潜在意識です。

潜在意識が誤った考えを起こすからです。

「優勝なんて、とてもとても」と少しでも発すれば本人の脳は、どういう動きをするでしょうか。

「ご主人様は、力がない」と、捉えます。

そうすれば、本当にその通りになってしまうのです。

一切、潜在能力が働かなくなるからです。

力士にかかわらず、スポーツに携わっている人ならイメージトレーニングは絶対に必要です。

潜在意識に、「優勝は間違いない」と錯覚させることです。

そうすれば体全体に指令が行き渡ります。

その結果、優秀な成績を残せるのです。


自分自身に対する謙遜は自分が損するだけです。

自分にたいする謙遜は、美徳ではなく、美損です。

美しい損であることを忘れてはならないのです。

潜在能力を働かせないのでは、自分が損するだけだからです。

4 夢を持てば、ストレスは逃げていく

私も国から、高齢者と呼ばれる年齢になると、地域からも、「貴方はもういい年だ」と暗示をかけられる様になります。

近所のスーパーへ行けば「本日シニアサービスデーで五％引き」のポスターが目にとまります。

床屋に行けば、「シニアの方は一〇〇〇円引きです」と言われれば、「いいよ、そんなことしなくたって」と言いたくなります。

「俺はそんな年に見えるのか」と内心ムカッとします。

家に帰って、メガネをかけて鏡を見れば、その通りでした。

そんな私も、三十代の頃は、世界一の実業家になった夢を何度も見たものです。

人生山あり、谷ありです。

六十歳の頃には、「定年後は毎日何をして一日をつぶそうか」と考えていました。

そんなある日、電車の中でジョセフ・マーフィーの本を読んでいた時のことです。

そこには、こう書かれていました。

「夢が叶ったところを想像しなさい」

この一文で、ハッと我に返ったのです。

「そうだ！　夢がないから気持ちが沈んでくるのだ、中年の時に描いたような夢をもう一度持とう」

この一文をキッカケに、顔に生気がよみがえってきました。

目標設定は、著書十冊目には大ベストセラーになった夢を描き始めたのです。

夢を持てば、ワクワクしてくるものです。

それからというものは、毎朝四時半に起床し、机に向かい始めました。

プロ野球で有名な二刀流の大谷翔平選手は札幌ドームで、小学生の質問に次のように答えていました。

小学生　「選手にとって一番大事なことは何ですか」
大谷選手　「夢を持つことじゃないかなぁ」

メジャーリーグへ行くような選手たちは皆夢という言葉を口にします。
夢が行動へと駆り立ててくれることを身をもって体験しているからです。
夢は潜在能力にとって、一番のごちそうです。

夢を持つといっても、何も構える必要はありません。
私の最大の夢は、「毎日気分爽快であり続けること」です。
夢を持つのに遅すぎることはありません。
八十になろうと、九十になろうとも夢を持つべきです。

なぜなら、人間は希望なくしては生きていけない動物だからです。

夢を持てば頭の中は、いつもいいイメージが占領するようになります。

いいイメージが占領すれば、生活態度に変化が起きます。

家族に対して、「ありがとう」の言葉がひんぱんに出てきて感謝するようになります。

心身共に充実し、ストレスもどこかへ行ってしまいます。

現在、夢がないと思っている人がいれば、それは錯覚です。

自分自身で決めつけた単なる思い込みにすぎません。

その様な人は、自分の好きなことを、早く見つける努力をしてみてはいかがでしょうか。

きっと見つかります。

それがストレスを追い払う一番の特効薬になるからです。

第3章

感謝すれば気分爽快になる

1 「ありがとう」は人を幸せにする魔法の言葉

私はテレビ朝日のリフォーム番組「ビフォーアフター」が好きでよく観ます。

以前に放映されていた番組の中でのことです。

リフォーム完成後に工事を請け負った匠が登場します。

依頼者が、「良くして頂いてありがとうございました」と匠の手を握り、涙ながらにお礼を述べる定番シーンがあります。

興味深いのは、お金を払った人が、お金を受け取る側の匠に接する態度です。

通常はお金を受け取る側が「ありがとう」と言うものです。

それでも、お金を払った側がお礼を言うのです。

この訳は、依頼者が手に入れたのは、家だけでなく一番価値ある「爽快気分」を手に入れたからです。

一般的に家を買うと言いますが、決して柱や壁を買うわけではありません。

「あぁ俺も一国一城の主になったのかぁ……」という満足感を買うのです。

最愛の娘が、子供部屋ではしゃいでいる姿を見ての幸福感を買うのです。

そこには得られる爽快気分にお金を払うという意識があります。

リフォームを請け負った方も「それ程感謝してもらえるなら精一杯やろう」と必死に努力します。

そして想像以上に良い家が完成します。

依頼人が得た財産は「家」と「満足感」で、価値は二倍となります。

「思っていた以上に良くして頂きまして」とお礼を述べた瞬間に脳は爽快状態です。


感謝をし、感動する人は、幸せ気分を目一杯手にすることが出来ます。

感動する人は、「高いお金を払うのだから、いい家にするのが当たり前だ」とは、決して言わない人です。

何事においても、感謝の気持ちを持つことは一番大切なことです。

これは、病気をした時にも言えることです。

通常は、病気が治ってから感謝します。

「先生、良くなりました。ありがとうございます」と。

病気が治ったから感謝するのではなく、感謝するから治るのです。

病気で苦しんでいる時に、支えてくれる家族に感謝すれば早く治ります。


私の妻は、病気になって寝込んだ時はいつも私にこう言います。

「お父さん、ごはん作れなくてごめんね」

そんな日は、代わりに私が作り、お盆の上にのせて寝ている部屋に運べば「お父さんありがとうゴメンネ」といつも笑顔で応えてくれます。

感謝の気持ちを持てば、体に変化が起きます。

脳内に快楽物質のベータ・エンドルフィンが放出されて、脳が体全体に「早く治れ」と指令を出すから早く直るのです。

病院の先生やスタッフの皆に感謝することで体に、感謝のエネルギーが行き渡ります。

感謝の気持ちを持つことは、ビジネスや健康に限らず、すべてに共通する成功法則なのです。

2 楽に楽しく生きたければ、感謝の気持ちを持てば叶えられる

「毎日を気分爽快に過ごす秘訣は何か」と尋ねられれば、ズバリ「感謝の気持ちを持てば叶えられます」と答えます。

毎日いい人生を過ごしている人たちは、年を取れば取るにしたがって、「ありがたい」とよく口にします。

それは一体なぜでしょうか?

多くのものを失って初めて、「ありがたさ」に気づくからです。

私は兵庫県佐用郡の山奥の農家で生まれました。

これは、小学校二年生だった頃の話です。

我が家の近所で八十歳になるおじいさんは、毎日世間話をしにやって来ました。

歯はわずかしかなく、かろうじて横に四本だけ、上下に二本ずつ残っていました。

その間にキセルを挟み、きざみタバコを旨そうにふかしていたのを覚えています。

いつも庭の石に腰かけて、私の祖母と話をしていました。

そこで出るのが、「ありがたい」という言葉でした。

「きのうは息子の嫁が病院までリヤカーに乗せて連れて行ってくれたので、ありがたかった」

「腰は曲がっても、体は元気なんで、ありがたい」

等々、しょっちゅう「ありがたい」と口にしていました。

子供だけに、何故それほどありがたいのか、よくわからなかったものです。

「変なおじいさんだなぁ」と、当時思っていました。

人は年を取るにしたがって色々なことを経験します。

病気、倒産、離婚、肉親との別れなどとさまざまです。

今迄当然と思っていたものが、失って初めて気づくものです。

当たり前が、当たり前でなくなるからです。

私は三十歳の時に、バイクの転倒事故で右膝を骨折して入院した経験があります。

数ヶ月後にギプスが取れ、松葉杖をつきながら会社に行ける嬉こびは、例えようがありませんでした。

歩けることがこんなにも楽しいものだとはそれ迄気づきませんでした。

五十歳になって、会社の倒産も経験しました。

その時、妻が支えてくれたことに感謝しています。


人は多くのものを失って、初めてありがたさに気づくものです。

病気になれば、健康のありがたさがよく分かります。

気持ちが分かるだけに、人にも優しくなれます。

もし病気もしたことがない健康体なら健康であるありがたさも少し位しかわからず、患らっている人の苦しみもよく理解できないものです。

順風満帆の人生は、何も失うものがないために、何も気づかないものです。

●体は健康であって当たり前
●お金はあって当たり前
●働ける会社があって当たり前

●女房が食事を作ってくれて当たり前

この様な、人の痛みがわからない「当たり前人間」になってしまうことでしょう。

感謝の気持ちを持つ最大のメリットは快楽ホルモンのベータ・エンドルフィンが脳内で放出されることです。

これは一種の麻薬ですが、害のないものです。

人間の究極の目標は、なんと言っても毎日を気分爽快に過ごすことです。

感謝の気持ちを持てば、それが叶えられるのです。

毎日を楽に楽しく生きる秘訣は感謝の気持ちを持つことだったのです。

おわりに

人間の嫌な性格とは、厄介なものです。

性格とは、生まれつきのものが五十％で、後の五十％は、長年にわたって繰り返してきた考え方の癖です。

癖は、そう簡単に直るものではありません。

だからと言って、諦めることも無いのです。

唯一直す方法があるからです。

それは、言葉の力を借りればいいのです。

言葉は気持ちとは裏腹のことでも口にすることが出来ます。

「疲れた疲れた」が口癖なら、「楽だ楽だ」に直せばいいのです。

「しんどいわぁ」を止めて「楽しいわぁ」と呟くことです。

明るい言葉の口癖で脳はだまされます。

ただし、「ウソも一〇〇回言えば真実となる」との諺どおり二、三回では無理です。

何度も何度も、馬鹿の一つ覚えのように繰り返すことです。

繰り返しさえすれば、明るい考え方が習慣となります。

アメリカの有名な心理学者ウィリアム・ジェームズは、「人間は習慣の動物である」と名言を残しました。

習慣になってしまえば、いちいち考えたりしないものです。

毎朝の通勤において、駅の階段からおりる際に、「今日は右足を先に出そうか、それとも左足からにしようか」と考える人はいないはずです。

右から出す人は、右から出す癖がついているからです。

考えていたのでは、足がもつれて転げ落ちてしまいます。

癖とは習慣です。

いい習慣さえ身につければ、無意識のうちに、毎日を楽に楽しく過ごせるのです。

いい口癖にしてしまえば、頑固な性格も、長い年月を経て少しずつ直っていくものです。

二十年の積み重ねで出来たものなら、また二十年かけて築き直せばいいのです。

どんなに積もった大雪でも、太陽が昇れば少しずつ溶けていくものです。

そしてやがて、桜満開の希望に満ちた春がやってきます。

それにはまず、いい口癖にしょうと決意することが大切です。

一度しかない人生を大事にして、いい人生を送りたいものです。

本書を気分爽快にする虎の巻として、是非ご活用下さい。

参考にして頂き、更にいい人生を送れますよう願って止みません。

最後に、読者の皆様にお知らせを致します。

私の著書（四作品）や講演のＤＶＤ（一作品）にご興味ある方は、ホームページでお待ちしております。

ＤＶＤのタイトルは、「爆笑講演会・いい気分にセルフコントロールする三つの習慣成功法」と題しています。

http://www.miyamotoharuki.com

宮本晴記で検索しても入れます。

最後までお読み下さいまして、ありがとうございました。

読者の皆様の、ご健康とご繁栄を心よりお祈り致します。

宮本 晴記（みやもと はるき）
1949年兵庫県生まれ。
東洋大学経済学部経済学科卒業。
学生時代からアイディアに興味を持つ。大学1年生の時には、トイレットペーパーフォルダーの発明でテレビ東京に出演し、アイディア賞受賞。
卒業後、読売新聞社系列の読売エイジェンシーに入社。社内報の編集に携わる。営業活動においては、顧客先の社員教育を受け持ち、代わりに広告を得る手法で活躍。
1982年2月、読売新聞社より優秀社員に贈られる読売マイスター賞受賞。その後独立し、能力開発プログラム販売会社で専務として、トップセールスマン教育に力を注ぐ。セールスで成功する販売マニュアルを完成させ、世界一の販売実績を残す。
現在首都圏に賃貸マンション経営を数多く展開中のマンション投資家。
著書：『爽快イメージ成功法　嫌な気分よさようなら―自分をコントロールする秘訣』（風詠社　2012年）
『いい気分にセルフコントロールする3つの習慣成功法』（風詠社　2014年）
『脳をだます習慣でいい気分の心をつくるイメージコントロール成功法』（風詠社　2016年）

世界一わかりやすい潜在能力の引き出し方でビジネスも人生も成功させる楽しいイメージコントロール

2018年4月24日発行

著　者　宮本　晴記
発行所　ブックウェイ
〒670-0933　姫路市平野町62
TEL.079（222）5372　FAX.079（223）3523
http://bookway.jp
印刷所　小野高速印刷株式会社

ISBN978-4-86584-313-2